编辑委员会

传统经典

中华传统经典诵读文本

大学 中庸

『中华传统经典诵读等级考试』指定用书

罗安宪 主编

人民出版社

前　言

　　传统，是从历史上流传下来的、在历史上产生过重要影响、现今仍然存在并发生影响的文化信念、文化观念、心理态度及行为方式。经典是经过长期历史选择，而对本民族的文化传统产生重大影响，并最大限度地承载着本民族传统的文化典籍。经典之"经"有经久、恒常、根本的含义；经典之"典"有典章、典范、典雅的含义。传统经典既是在历史上长期流传、经久不衰的经典，又是承载、亘续传统的经典，是最有代表性、最为完美、最为精粹的经典。传统的直接载体是经典，经典保存了最优秀的中华传统文化。弘扬中华传统文化，最为简捷的途径是熟读经典。

　　中华文化源远流长，博大精深，中华民族在漫长的发展历程中，创造了无数璀璨的文化经典。经典之为经典，不是因为它是历史上产生的、是在历史上发生重要影响的文化典籍，而是因为它在历史的长河中一直持续发生影响，

一

是因为它持续不断地影响着历史的发展，是因为它持续不断地塑造着民族精神，是因为它才是民族灵魂中永不磨灭的因子，是因为它才是传统得以传承最为重要的载体。

我们提倡诵读经典。诵读经典，是要大声地"读"，而不是无声地"看"。古人强调读书，不是看书。在读书过程中，眼睛、嘴巴、耳朵、心灵，全部投入其中，是全身心地投入，是与古代先贤精神上的沟通与交流。在读书中，与经典为伴，与圣贤为伴，仔细体会字里行间的深刻意涵。读经典不是简单地读一遍、两遍，而是要反复地读、大声地读。诵读经典，不仅可以增长智慧，开拓视野，还可以涵养气质，陶冶情操。特别是在身体与思想的养成阶段，通过诵读经典、熟悉经典，对于人格的养成，具有重要的、无可限量的意义。

为推动中华传统经典诵读活动的进一步发展，由中国人民大学孔子研究院发起，在全球范围内开展"中华传统经典诵读活动"。为配合此项活动，我们编选了"中华传统经典诵读文本"。

"中华传统经典诵读文本"，共13册，分别是：《周易》、《论语》、《老子》、《大学　中庸》、《孟子选》、《庄子选》、《春秋左传选》、《诗经选》、《汉代文选》、《唐代文选》、《宋代文选》、《唐诗选》、《宋词选》。所选文本为中国传统经典中最为重要、最有影响、最为优美的篇章。

文本的主要功能是诵读，故对文字不作解释，只对生僻字和易混字作注音。

罗 安 宪

2023 年 3 月

目录

一　前言

一　大学

一四　中庸

大 学

　　大学之道，在明明德，在亲民，在止于至善。

　　知止而后有定，定而后能静，静而后能安，安而后能虑，虑而后能得。物有本末，事有终始。知所先后，则近道矣。

　　古之欲明明德于天下者，先治其国。欲治其国者，先齐其家。欲齐其家者，先修其身。欲修其身者，先正其心。欲正其心者，先诚其意。欲诚其意者，先致其知。致知在格物。物格而后知至，知至而后意诚，意诚而后心正，心正而后身修，身修而后家齐，家齐而后国治，国治而后天下平。自天子以至于庶人，壹是皆以修身为本。其本乱而末治者，否矣。其所厚者薄，而其所薄者厚，未之有也。此谓知本，此谓知之至也。

所谓诚其意者，毋（wú）自欺也。如恶（wù）恶（è）臭（xiù），如好（hào）好（hǎo）色，此之谓自谦（qiè）。故君子必慎其独也。小人闲居为不善，无所不至，见君子而后厌（yā）然，揜（yǎn）其不善，而著其善。人之视己，如见其肺肝然，则何益矣。此谓诚于中，形于外，故君子必慎其独也。曾子曰："十目所视，十手所指，其严乎！"富润屋，德润身，心广体胖（pán），故君子必诚其意。

《诗》云："瞻彼淇（qí）澳（yù），菉（lù）竹猗猗（yī）。有斐（fěi）君子，如切如磋，如琢如磨。瑟兮僴（xiàn）兮，赫兮喧兮。有斐君子，终不可諠（xuān）兮！""如切如磋"者，道学也。"如琢如磨"者，自修也。"瑟兮僴兮"者，恂（xún）慄（lì）也。"赫兮喧兮"者，威仪也。"有斐君子，终不可谖兮"者，道盛德至善，民之不能忘也。《诗》云："於（wū）戏（hū），前王不忘！"君子贤其贤而亲其亲，小人乐其乐而利其利，此以没世不忘也。《康诰》曰："克明德。"《大（tài）甲》曰："顾諟（shì）天之明命。"《帝典》曰："克明峻德。"皆自明也。汤之《盘铭》曰："苟日新，日日新，又日新。"《康诰》曰："作新民。"《诗》曰："周虽旧邦，其命维新。"是故君子无所不用其极。《诗》云："邦畿（jī）千里，维民所止。"《诗》

云："缗（mín）蛮黄鸟，止于丘隅。"
子曰："于止，知其所止，可以人而不如鸟乎?"《诗》云："穆穆文王，於（wū）缉熙敬止!"为人君，止于仁;为人臣，止于敬;为人子，止于孝;为人父，止于慈;与国人交，止于信。

子曰："听讼，吾犹人也。必也使无讼乎!"无情者不得尽其辞。大畏民志，此谓"知本"。

所谓修身在正其心者，身有所忿懥（zhì），则不得其正;有所恐惧，则不得其正;有所好乐，则不得其正;有所忧患，则不得其正。心不在焉，视而不见，听而不闻，食而不知其味。此谓修身在正其心。

所谓齐其家在修其身者，人之其所亲爱而辟焉，之其所贱恶（wù）而辟焉，之其所畏敬而辟焉，之其所哀矜而辟焉，之其所敖（áo）惰而辟焉。故好（hào）而知其恶（è），恶（wù）而知其美者，天下鲜（xiǎn）矣。故谚有之曰："人莫知其子之恶，莫知其苗之硕。"此谓身不修不可以齐其家。

所谓治国必先齐其家者，其家不

可教而能教人者，无之。故君子不出家而成教于国。孝者，所以事君也；弟（tì）者，所以事长也；慈者，所以使众也。《康诰》曰："如保赤子"。心诚求之，虽不中不远矣。未有学养子而后嫁者也。一家仁，一国兴仁；一家让，一国兴让；一人贪戾，一国作乱：其机如此。此谓一言偾（fèn）事，一人定国。尧、舜率天下以仁，而民从之；桀、纣率天下以暴，而民从之。其所令反其所好，而民不从。是故君子有诸己而后求诸人，无诸己而后非诸人。所藏乎身不恕，而能喻诸人者，未之有也。故治国在齐其家。

《诗》云："桃之夭夭，其叶蓁(zhēn)蓁。之子于归，宜其家人。"宜其家人，而后可以教国人。《诗》云："宜兄宜弟。"宜兄宜弟，而后可以教国人。《诗》云："其仪不忒(tè)，正是四国。"其为父子、兄弟足法，而后民法之也。此谓治国在齐其家。

所谓平天下在治其国者，上老老而民兴孝，上长长而民兴弟(tì)，上恤孤而民不倍，是以君子有絜(xié)矩之道也。所恶于上，毋以使下；所恶于下，毋以事上；所恶于前，毋以先后；所恶于后，毋以从前；所恶于右，毋以交于左；所恶于左，毋以交于右；此之谓絜矩之道。

《诗》云："乐只君子，民之父母。"民之所好好之，民之所恶恶之，此之谓民之父母。《诗》云："节彼南山，维石岩岩。赫赫师尹，民具尔瞻。"有国者不可以不慎，辟则为天下僇（lù）矣。《诗》云："殷之未丧师，克配上帝。仪监于殷，峻命不易。"道得众则得国，失众则失国。是故君子先慎乎德。有德此有人，有人此有土，有土此有财，有财此有用。德者本也，财者末也。外本内末，争民施夺。是故财聚则民散，财散则民聚。是故言悖而出者，亦悖而入；货悖而入者，亦悖而出。

《康诰》曰："惟命不于常。"道善则得之，不善则失之矣。《楚书》曰："楚国无以为宝，惟善以为宝。"舅犯曰："亡人无以为宝，仁亲以为宝。"《秦誓》曰："若有一介臣，断断兮无他技，其心休休焉，其如有容焉。人之有技，若己有之；人之彦圣，其心好之，不啻（chì）若自其口出。实能容之，以能保我子孙黎民，尚亦有利哉！人之有技，媢（mào）疾以恶之；人之彦圣，而违之俾（bǐ）不通，实不能容，以不能保我子孙黎民，亦曰殆哉！"唯仁人放流之，迸（bǐng）诸四夷，不与同中国。此谓唯仁人为能爱人，能恶人。见贤而不能举，举而不能先，命也；见不善而不能退，退而不能远，过也。好人之所恶，恶人之所好，是谓拂人之性，菑（zāi）必逮夫身。

是故君子有大道，必忠信以得之，骄泰以失之。生财有大道，生之者众，食之者寡，为之者疾，用之者舒，则财恒足矣。仁者以财发身，不仁者以身发财。未有上好仁而下不好义者也，未有好义其事不终者也，未有府库财非其财者也。孟献子曰："畜马乘（shèng）不察于鸡豚，伐冰之家不畜牛羊，百乘（shèng）之家不畜聚敛之臣。与其有聚敛之臣，宁有盗臣。"此谓国不以利为利，以义为利也。长国家而务财用者，必自小人矣。彼为善之，小人之使为国家，菑（zāi）害并至。虽有善者，亦无如之何矣！此谓国不以利为利，以义为利也。

中 庸

　　天命之谓性，率性之谓道，修道之谓教。道也者，不可须臾离也，可离非道也。是故君子戒慎乎其所不睹，恐惧乎其所不闻。莫见（xiàn）乎隐，莫显乎微，故君子慎其独也。喜怒哀乐之未发，谓之中；发而皆中节，谓之和；中也者，天下之大本也；和也者，天下之达道也。致中和，天地位焉，万物育焉。

　　仲尼曰："君子中庸，小人反中庸。君子之中庸也，君子而时中；小人之中庸也，小人而无忌惮也。"

子曰："中庸其至矣乎！民鲜能久矣！"

子曰："道之不行也，我知之矣：知（zhì）者过之，愚者不及也。道之不明也，我知之矣：贤者过之，不肖者不及也。人莫不饮食也，鲜能知味也。"

子曰："道其不行矣夫！"

子曰："舜其大知（zhì）也与（yú）！舜好问而好察迩言，隐恶而扬善，执其两端，用其中于民，其斯以为舜乎！"

子曰："人皆曰予知（zhì），驱而纳诸罟（gǔ）擭（huò）陷阱之中，而莫之知辟也。人皆曰予知，择乎中庸，而不能期（jī）月守也。”

子曰：“回之为人也，择乎中庸，得一善，则拳拳服膺弗失之矣。”

子曰：“天下国家可均也，爵禄可辞也，白刃可蹈也，中庸不可能也。”

子路问强，子曰：“南方之强与？北方之强与？抑而强与？宽柔以教，不报无道，南方之强也，君子居之。衽（rèn）金革，死而不厌，北方之强也，而强者居之。故君子和而不流，强哉矫！中立而不倚，强哉矫！国有道，不变塞焉，强哉矫！国无道，至死不变，强哉矫！"

子曰："素隐行怪，后世有述焉，吾弗为之矣。君子遵道而行，半涂而废，吾弗能已矣。君子依乎中庸，遁世不见知而不悔，唯圣者能之。"

君子之道，费而隐。夫妇之愚，可以与（yù）知焉；及其至也，虽圣人亦有所不知焉。夫妇之不肖，可以能行焉；及其至也，虽圣人亦有所不能焉。天地之大也，人犹有所憾。故君子语大，天下莫能载焉；语小，天下莫能破焉。《诗》云："鸢(yuān)飞戾(lì)天，鱼跃于渊。"言其上下察也。君子之道，造端乎夫妇，及其至也，察乎天地。

子曰："道不远人，人之为道而远人，不可以为道。《诗》云：'伐柯伐柯，其则不远。'执柯以伐柯，睨(nì)而视之，犹以为远。故君子以人治人，改而止。忠恕违道不远，施诸己而不愿，亦勿施于人。君子之道四，丘未能一焉：所求乎子，以事父，未能也；所求乎臣，以事君，未能也；所求乎弟，以事兄，未能也；所求乎朋友，先施之，未能也。庸德之行，庸言之谨，有所不足，不敢不勉，有余不敢尽。言顾行，行顾言，君子胡不慥慥（zào）尔！"

君子素其位而行，不愿乎其外。素富贵，行乎富贵；素贫贱，行乎贫贱；素夷狄，行乎夷狄；素患难，行乎患难，君子无入而不自得焉。在上位不陵下，在下位不援上，正己而不求于人，则无怨。上不怨天，下不尤人。故君子居易以俟（sì）命，小人行险以徼（jiǎo）幸。子曰："射有似乎君子，失诸正鹄（gǔ），反求诸其身。"

君子之道，辟如行远必自迩，辟如登高必自卑。《诗》曰："妻子好合，如鼓瑟琴。兄弟既翕（xī），和乐且耽（dān）。宜尔室家，乐尔妻帑（nú）。"子曰："父母其顺矣乎！"

子曰："鬼神之为德，其盛矣乎！视之而弗见，听之而弗闻，体物而不可遗，使天下之人齐（zhāi）明盛服，以承祭祀。洋洋乎如在其上，如在其左右。《诗》曰：'神之格思，不可度（duō）思，矧（shěn）可射（yì）思。'夫微之显，诚之不可掩如此夫。"

子曰："舜其大孝也与！德为圣人，尊为天子，富有四海之内。宗庙飨（xiǎng）之，子孙保之。故大德必得其位，必得其禄，必得其名，必得其寿，故天之生物，必因其材而笃焉。故栽者培之，倾者覆之。《诗》曰：'嘉乐君子，宪宪（xiǎn）令德。宜民宜人，受禄于天，保佑命之，自天申之。'故大德者必受命。"

子曰："无忧者，其惟文王乎！以王季为父，以武王为子，父作之，子述之。武王缵（zuǎn）大（tài）王、王季、文王之绪，一戎衣而有天下。身不失天下之显名，尊为天子，富有四海之内。宗庙飨之，子孙保之。武王末受命，周公成文、武之德，追王（wàng）大（tài）王、王季，上祀先公以天子之礼。斯礼也，达乎诸侯大夫，及士庶人。父为大夫，子为士，葬以大夫，祭以士。父为士，子为大夫，葬以士，祭以大夫。期（jī）之丧，达乎大夫。三年之丧，达乎天子。父母之丧，无贵贱，一也。"

子曰："武王、周公，其达孝矣乎！

夫孝者，善继人之志，善述人之事者也。春秋修其祖庙，陈其宗器，设其裳衣，荐其时食。宗庙之礼，所以序昭（zhāo）穆也。序爵，所以辨贵贱也。序事，所以辨贤也。旅酬下为上，所以逮贱也。燕毛，所以序齿也。践其位，行其礼，奏其乐，敬其所尊，爱其所亲，事死如事生，事亡如事存，孝之至也。郊社之礼，所以事上帝也。宗庙之礼，所以祀乎其先也。明乎郊社之礼、禘（dì）尝之义，治国其如示诸掌乎！”

哀公问政。子曰：“文武之政，布

在方策。其人存，则其政举；其人亡，则其政息。人道敏政，地道敏树。夫政也者，蒲（pú）卢也。故为政在人，取人以身，修身以道，修道以仁。仁者人也，亲亲为大；义者宜也，尊贤为大。亲亲之杀（shài），尊贤之等，礼所生也。在下位不获乎上，民不可得而治矣！故君子不可以不修身；思修身，不可以不事亲；思事亲，不可以不知人；思知人，不可以不知天。天下之达道五，所以行之者三。曰：君臣也、父子也、夫妇也、昆弟也、朋友之交也；

五者，天下之达道也。知（zhì）、仁、勇三者，天下之达德也。所以行之者，一也。或生而知之，或学而知之，或困而知之，及其知之，一也。或安而行之，或利而行之，或勉强而行之，及其成功，一也。"

子曰："好学近乎知（zhì），力行近乎仁，知耻近乎勇。知斯三者，则知所以修身；知所以修身，则知所以治人；知所以治人，则知所以治天下国家矣。凡为天下国家有九经，曰：修身也，尊贤也，亲亲也，敬大臣也，体群臣也，子庶民也，来百工也，柔远人也，怀诸侯也。修身则道立，尊贤则不惑，亲亲则诸父昆弟不怨，敬大臣则不眩（xuàn），体群臣则士之报礼重，子庶民则百姓劝，来百工则财用足，柔远人则四方归之，怀诸侯则天下畏之。齐（zhāi）明盛服，非礼不动，所以修身也；去谗远色，贱货而贵德，所以劝贤也；尊其位，重其禄，同其好恶，所以劝亲亲也；官盛任使，所以劝大臣也；忠信重禄，所以劝士也；时使薄敛，所以劝百姓也；日省月试，既禀（lǐn）称

（chèn）事，所以劝百工也；送往迎
来，嘉善而矜不能，所以柔远人也；继
绝世，举废国，治乱持危，朝聘以时，
厚往而薄来，所以怀诸侯也。凡为天下
国家有九经，所以行之者一也。

凡事豫则立，不豫则废。言前定
则不跲（jiá），事前定则不困，行前定
则不疚，道前定则不穷。在下位不获
乎上，民不可得而治矣。获乎上有道，
不信乎朋友，不获乎上矣；信乎朋友有
道，不顺乎亲，不信乎朋友矣；顺乎亲
有道，反诸身不诚，不顺乎亲矣；诚身

有道，不明乎善，不诚乎身矣。诚者，天之道也；诚之者，人之道也。诚者不勉而中，不思而得，从容中道，圣人也。诚之者，择善而固执之者也。博学之，审问之，慎思之，明辨之，笃行之。有弗学，学之弗能弗措也；有弗问，问之弗知弗措也；有弗思，思之弗得弗措也；有弗辨，辨之弗明弗措也；有弗行，行之弗笃弗措也。人一能之，己百之；人十能之，己千之。果能此道矣，虽愚必明，虽柔必强。"

自诚明，谓之性；自明诚，谓之

教。诚则明矣，明则诚矣。

唯天下至诚，为能尽其性；能尽其性，则能尽人之性；能尽人之性，则能尽物之性；能尽物之性，则可以赞天地之化育；可以赞天地之化育，则可以与天地参矣。

其次致曲。曲能有诚，诚则形，形则著，著则明，明则动，动则变，变则化，唯天下至诚，为能化。

至诚之道，可以前知。国家将兴，必有祯祥；国家将亡，必有妖孽。见（xiàn）乎蓍（shī）龟，动乎四体。祸福将至，善，必先知之；不善，必先知之。故至诚如神。

诚者，自成也；而道，自道（dǎo）也。诚者，物之终始，不诚无物，是故君子诚之为贵。诚者非自成己而已也，所以成物也。成己，仁也；成物，知（zhì）也。性之德也，合外内之道也，故时措之宜也。

故至诚无息，不息则久，久则征；征则悠远，悠远则博厚，博厚则高明。博厚，所以载物也；高明，所以覆物也；悠久，所以成物也。博厚配地，高明配天，悠久无疆。如此者，不见（xiàn）而章，不动而变，无为而成。

天地之道，可一言而尽也。其为物不贰（èr），则其生物不测。天地之道：博也，厚也，高也，明也，悠也，久也。今夫天，斯昭昭之多，及其无穷也，日月星辰系焉，万物覆焉。今夫地，一撮（cuō）土之多，及其广厚，载华岳而不重，振河海而不泄，万物载焉。今夫山，一卷（quán）石之多，及其广大，草木生之，禽兽居之，宝藏兴焉。今夫水，一勺之多，及其不测，鼋（yuán）、鼍（tuó）、蛟龙、鱼鳖生焉，货财殖焉。《诗》曰："惟天之命，於（wū）穆不已！"盖曰天之所以为天也。"於（wū）乎不（pī）显，文王之德之纯！"盖曰文王之所以为文也，纯亦不已。

大哉！圣人之道，洋洋乎！发育万物，峻极于天。优优大哉！礼仪三百，威仪三千，待其人然后行。故曰：苟不至德，至道不凝焉。故君子尊德性而道问学，致广大而尽精微，极高明而道中庸，温故而知新，敦厚以崇礼。是故居上不骄，为下不倍。国有道，其言足以兴；国无道，其默足以容。《诗》曰："既明且哲，以保其身。"其此之谓与！

　　子曰："愚而好自用，贱而好自专，生乎今之世，反古之道。如此者，灾及其身者也。"非天子，不议礼，不制度，不考文。今天下车同轨，书同文，行同伦。虽有其位，苟无其德，不敢作礼乐焉；虽有其德，苟无其位，亦不敢作礼乐焉。子曰："吾说夏礼，杞（qǐ）不足征也。吾学殷礼，有宋存焉。吾学周礼，今用之，吾从周。"

王（wàng）天下有三重焉，其寡过矣乎！上焉者，虽善无征，无征不信，不信民弗从；下焉者，虽善不尊，不尊不信，不信民弗从。故君子之道：本诸身，征诸庶民，考诸三王而不缪（miù），建诸天地而不悖，质诸鬼神而无疑，百世以俟（sì）圣人而不惑。质诸鬼神而无疑，知天也；百世以俟圣人而不惑，知人也。是故君子动而世为天下道，行而世为天下法，言而世为天下则。远之则有望，近之则不厌。《诗》曰："在彼无恶（wù），在此无射（yì）。庶几夙夜，以永终誉!"君子未有不如此而蚤（zǎo）有誉于天下者。

仲尼祖述尧舜，宪章文武，上律天时，下袭水土。辟如天地之无不持载，无不覆帱（dào），辟如四时之错行，如日月之代明。万物并育而不相害，道并行而不相悖，小德川流，大德敦化，此天地之所以为大也。

唯天下至圣，为能聪明睿知（zhì），足以有临也；宽裕温柔，足以有容也；发强刚毅，足以有执也；齐（zhāi）庄中正，足以有敬也；文理密察，足以有别也。溥（pǔ）博渊泉，而时出之。溥博如天，渊泉如渊。见（xiàn）而民莫不敬，言而民莫不信，行而民莫不说（yuè）。是以声名洋溢乎中国，施（yì）及蛮貊（mò）。舟车所至，人力所通，天之所覆，地之所载，日月所照，霜露所队（zhuì），凡有血气者，莫不尊亲，故曰配天。

唯天下至诚，为能经纶天下之大经，立天下之大本，知天地之化育。夫焉有所倚？肫肫（zhūn）其仁！渊渊其渊！浩浩其天！苟不固聪明圣知

(zhì) 达天德者，其孰能知之？

《诗》曰："衣锦尚绢 (jiōng)"，恶 (wù) 其文之著也。故君子之道，阇 (àn) 然而日章；小人之道，的 (dì) 然而日亡。君子之道：淡而不厌，简而文，温而理，知远之近，知风之自，知微之显，可与入德矣。《诗》云："潜虽伏矣，亦孔之昭！"故君子内省 (xǐng) 不疚，无恶 (wù) 于志。君子之所不可及者，其唯人之所不见乎！《诗》云："相在尔室，尚不愧于屋漏。"故君子不动而敬，不言而信。《诗》曰："奏假（xiá）无言，时靡有争。"是故君子不赏而民劝，不怒而民威于铁钺（fū yuè）。《诗》曰："不（pī）显惟德！百辟其刑之。"是故君子笃恭而天下平。《诗》云："予怀明德，不大声以色。"子曰："声色之于以化民，末也。"《诗》曰："德辅（yóu）如毛。"毛犹有伦，"上天之载，无声无臭（xiù）"，至矣！

责任编辑：方国根

图书在版编目（CIP）数据

大学 中庸／罗安宪 主编 . —北京：人民出版社，2017.7（2023.3 重印）
（中华传统经典诵读文本）
ISBN 978－7－01－017787－8

I.①大… II.①罗… III.①儒家 IV.① B222.1

中国版本图书馆 CIP 数据核字（2017）第 130700 号

大学 中庸
DAXUE ZHONGYONG

罗安宪 主编

人民出版社 出版发行
（100706 北京市东城区隆福寺街 99 号）

北京汇林印务有限公司印刷 新华书店经销

2017 年 7 月第 1 版 2023 年 3 月北京第 3 次印刷
开本：710 毫米 ×1000 毫米 1/16 印张：3
字数：8 千字 印数：25,001-29,000 册

ISBN 978－7－01－017787－8 定价：12.00 元

邮购地址 100706 北京市东城区隆福寺街 99 号
人民东方图书销售中心 电话：(010) 65250042 65289539